재밌는 이야기로 풀어낸
우리 역사이야기
- 고종·순종황제 -

조선 왕조 500년
왕들의 이야기

조선의 문을 열어라

왕보다 힘이 강한 안동 김씨 가문은 자신들에게 위협이 될 만한 사람은 죽이거나 멀리 쫓아냈어요.
왕족도 예외가 아니었어요.
특히나 젊고 똑똑한 왕족은 언제 화를 당할지 몰라 숨죽이며 살았어요.

그런데 철종 임금이 아들 없이 돌아가시자, 누가 뒤를 이어 왕이 될지가 큰 관심이었어요.

헌종의 어머니 신정 왕후는
흥선군 이하응을 몰래 만났어요.
이하응은 평소에 더러운 옷을 입고 시장을 돌아다니고,
안동 김씨 집안을 돌아다니며 거지처럼 구걸하는 왕족이었어요.
"하이고, 저것도 왕족이라고!"
사람들은 이하응을 무시했지만,
이하응은 언젠가 안동김씨 세력을 몰아낼 꿈을 키우고 있었어요.

이하응을 부른 신정왕후가 말했어요.
흥선군, 가까운 왕족이라면 그대의 아들뿐이오.
드디어 안동 김씨들을 몰아낼 기회가 왔어요.
이렇게 하여 이하응의 아들이 왕위에 오르니 그가 바로 고종이에요.
왕의 아버지가 된 이하응은 대원군이 되었어요.
흥선대원군은 나이 어린 고종을 대신하여 나랏일을 돌보았어요.
세도정치를 몰아내고, 열심히 공부한 사람을 관리로 뽑았어요.

이즈음 서쪽 바다에 서양의 배들이 자주 나타났어요.
서양인들은 조선에 자신들의 물건을 팔기를 원했어요.
"조선은 아직 서양과 교류할 준비가 되지 않았어."
그러니 서양인들의 요구를 무턱대고 들어줄 수가 없었어요.
흥선대원군은 서양과의 무역을 금하고 나라의 문을 꼭꼭 닫아걸었어요.

그러자 프랑스 군대가 조선이 프랑스 신부를 죽인 것을 핑계 삼아 강화도로 쳐들어 와 대포를 쏘았어요.
조선군은 프랑스 군대에게 계속 지기만 했어요.
그러다 양헌수 장군은 500여 명의 군사를 이끌고 강화도 정족산성으로 숨어 들었어요.
조선군은 프랑스 군대가 정족산성에 오기를 기다렸다가 일제히 총을 쏘아 쫓아냈어요.

* 신부 : (카톨릭) 주교 다음가는 성직자

"그냥 갈 수 없다. 조선의 책과 보물을 챙겨 돌아가자."
프랑스 군대는 외규장각을 불태우고 책을 가지고 떠났어요.
이 사건으로 조선 백성들은 서양에 대해 나쁜 감정을 갖게 되었어요.
"멀리 서양에서 온 사람들이 우리를 다 죽일 거야."
"우리도 먹을 것이 없는데 다 빼앗아 갈 거야."

흥선 대원군은 곳곳에 서양과 잘 지내면 안 된다는 뜻이 새겨진 비석을 세웠어요. 그리고 그 비석을 **척화비**라고 불렀어요.

* 척화비 : 흥선 대원군이 전국 각지에 세운 비석으로, 서양과 화합할 수 없다는 내용을 담고 있다.

녹두장군 전봉준

고종이 어른이 되자 직접 나랏일을 돌보았어요.
하지만 힘센 청나라와 일본에 휘둘리기만 했지요.
나라가 혼란스럽자 관리들은
더욱 자기 욕심 챙기기에 바빴어요.
의지할 곳 없던 백성들은 '동학'이란 종교를 믿기 시작했어요.

"사람이 곧 하늘입니다. 모든 사람은 평등합니다." 백성들을 소중히 여기는 동학이 전국으로 퍼져나가기 시작했어요.

전라도 고부에 살던 전봉준도 동학을 믿는 사람이었어요.
어느 날, 고부에 조병갑이란 관리가 새로 왔어요.

"새로운 저수지를 만들면 농사에 큰 도움이 될 것이오."
백성들은 힘들게 새로운 저수지를 만들었어요.
하지만 조병갑은 백성들에게 저수지를 사용하려면 돈을 내라고 했지요.
전봉준의 아버지는 물을 쓰게 해달라고 말했다가 오히려 매를 맞았어요.

화가 난 전봉준과 동학을 믿던 고부 백성들은 관아로 쳐들어갔어요.
관아에서 조병갑이 강제로 빼앗은 곡식을 백성들에게 다시 돌려주었어요.
나쁜 일만 일삼던 조병갑도 쫓겨났지요.
그런데 새로운 관리가 동학을 믿는 백성들을 괴롭히자 전봉준은
다시 동학을 믿는 백성들을 모았어요.
10일 동안 무려 1만 명의 백성이 모였어요.

전봉준은 동학 농민군을 이끄는 대장이 되었어요.
"키가 작아 녹두알갱이 같지만,
백성을 생각하는 마음은 세상에서 제일 크신 분이야."
동학 농민군은 전봉준을 '녹두 장군'이라 부르며 따랐어요.
그런데 조선을 차지하고 싶었던 일본이 관군 대신 동학 농민군과
싸움을 벌였어요.
동학농민군은 1년여 동안 더 좋은 무기를 가진 일본군과 싸우다 결국
지고 말았답니다.

하얼빈의 총소리

조선을 차지하고 싶은 일본의 욕심은 점점 커졌어요.
"일본을 조선에서 몰아내야 하는데, 어쩐다?"
고종의 왕비, 명성 황후는 일본을 쫓아내고 싶어 했어요.
명성 황후의 행동에 놀란 일본은
자객을 보내 명성 황후를 죽였어요.

고종은 왕비까지 죽인 일본이 무서워 궁궐을 버리고 **러시아 공사관**으로 도망갔어요.

* 러시아 공사관 : 서울특별시 중구 정동에 있는 조선 후기의 러시아 공사관 건물이다.

백성들은 조선이 다른 나라의 간섭을 받지 않는 나라,
곧 독립국임을 강조하며 일본을 쫓아내기 위해 노력했어요.
백성들끼리 돈을 모아 청나라 사신이 들어오던 영은문을 무너뜨렸어요.
그 자리에 독립문을 세워 다른 나라로부터 조선의 지키겠다는 뜻을
세상에 알렸지요.

황해도에 사는 안중근이란 청년도 나라를 위해 도움이 되고 싶어 했어요.
안중근은 학교를 세워 사람들을 가르쳤어요.
"나라를 지키기 위해서는 무엇이든 배워야 합니다!"
하지만 이러한 노력에도 조선보다 더 발전한 일본을 쫓아낼 수는 없었어요.
"일본이 조선을 보호해 주겠소."
일본은 고종 임금에게 조선을 일본에 맡기라고 협박했어요.

안중근과 많은 조선 백성들이 나라를 되찾기 위해 일본의 간섭이 적은 중국 청나라로 갔어요.
총을 들고 일본과 맞서 싸웠지만, 큰 **성과**가 없었어요.
1909년, 안중근은 친구들과 태극기를 펼쳐두고, 왼쪽 손가락을 잘라 맹세했어요.
"우리나라를 빼앗는데 앞장 선 이토 히로부미를 죽이자!"

＊ 성과 : 이루어 낸 결실

1909년 10월 중국 하얼빈 역으로 기차가 도착했어요.
기차에서 이토 이로부미가 내리자,
사람들 사이에서 있던 안중근이 총을 꺼냈어요.
'탕!탕!탕!'
세 발의 총성이 울린 뒤 이토 히로부미가 쓰러졌어요.
'대한 독립 만세, 대한 독립 만세, 대한 독립 만세'
안중군은 도망치지 않고 큰 소리로 외치며 경찰에게 붙잡혔어요.
"나는 대한의 독립을 위해 이토 히로부미에게 총을 쏘았다."
안중근은 재판에서 당당하게 자신의 뜻을 말하고 죽음을 맞이했답니다.

역사 돋보기 ①

척척박사 우리 엄마, 재미있는 역사 이야기를 읽고 아이에게 설명해주세요.
부모님용 가이드북 입니다.

✱ **흥선대원군**이 서양과 싸운 것은 잘한 일이었나요?

흥선대원군은 서양 군대와 싸우는 데 힘을 쏟았어요. 하지만 이미 서양은 중국을 무너뜨렸어요. 조선은 몇 차례 서양 군대를 물리치기는 했지만, 서양의 힘은 조선보다 훨씬 컸어요. 이런데도 흥선대원군은 서양의 우수한 문물을 받아들이지 않았어요. 먼저 서양의 문물을 받아들인 일본과 중국은 힘이 없는 조선에 쳐들어가기 위해 서로 싸우기도 했어요. 고종이 뒤늦게 서양의 문물을 받아들였지만, 이미 늦은 뒤였어요.

흥선대원군 ▶

출처: joongang.joins.com

✱ **동학농민운동**은 실패한 것인가요?

그렇지 않아요. 동학농민운동에 참여한 백성들은 먹고사는 문제를 해결해 달라고 했고, 왕과 신하들은 이들의 말에 따라 다양한 방법을 내놓았어요. 신분제가 폐지되기도 했어요. 이를 **갑오개혁**이라고 해요. 이후 일본군의 총칼에 동학농민운동에 참여한 백성들이 쓰러졌지만, 그 정신은 오랫동안 백성들의 마음에 남았어요. 일본에 반대하는 백성들의 움직임은 계속 이어졌어요.

*독립문은 누가 세웠나요?

서재필이 독립문을 세우는 데 중요한 역할을 했어요. 서재필이 젊었을 때 조선을 뜯어고치기 위한 **갑신정변**을 일으켰다가 실패한 뒤 미국으로 떠났어요. 시간이 흐른 뒤, 다시 한국에 돌아와서 독립운동에 뛰어들었어요. 〈독립신문〉을 만들었고, 고종에게 독립문을 만들자고 말했어요. 또한, **독립협회**를 만들어 토론회를 열기도 했어요. 많은 사람들이 토론회에 참가해 나라의 어려운 상황을 이해할 수 있게 됐어요. 하지만 조선을 노리던 나라들은 이런 서재필을 못마땅해했고, 그를 미국으로 돌려보냈어요. 일본이 우리나라를 합병한 이후에도 서재필은 미국에서 독립운동을 계속했어요.

*안중근의 무덤은 어디에 있나요?

안타깝게도 알 수 없어요. 일본은 안중근을 사형시킨 후, **뤼순 감옥** 근처에 묻었어요. 안중근의 가족이 안중근의 시신을 달라고 했지만, 일본은 가족을 쫓아냈어요. 이후 일본이 망하고 우리나라가 해방된 후, 김구 선생이 유골을 우리나라로 들여오려고 했어요. **효창공원**에 안중근의 무덤을 미리 만들어 놓기도 했어요. 하지만 김구 선생이 목숨을 잃어 안중근의 유골은 우리나라에 들어오지 못했어요. 이후 많은 사람들이 안중근의 무덤을 찾기 위해 노력했지만, 아직 발견하지 못하고 있어요.

▼뤼순감옥

역사 돋보기 ②

이야기 속에 등장하는 각 유물과 유적, 인물을 아이와 함께 하나하나 짚어 가며 이름을 말해 주고 각 특징에 대해 이야기를 나누어 보세요.
부모님용 가이드북 입니다.

* 동학

먹고 사는 것도 힘들고 바다에서는 서양 사람을 태운 **이양선**이 나타나면서 백성들은 불안해했어요. 이때 동학이 나타났어요. 동학은 **최제우**라는 사람이 만들었어요. 동학에서는 **모든 사람이 평등한 새로운 세상**이 열린다고 했고, 많은 백성들은 동학에 빠져들었어요. 양반 사대부들은 동학이 백성들을 홀린다면서 최제우를 죽였어요. 하지만 백성들은 먹고 살기 힘든 시기에 동학을 믿었고, **동학농민운동**에 참여하기도 했어요.

◀최제우

* 신정왕후

철종이 죽자, 왕실의 가장 큰 어른은 효명세자의 아내였던 신정왕후였어요. **신정왕후**는 왕실의 먼 친척인 **고종**이 왕의 자리를 잇게 했어요. 12살의 어린 고종 대신 나랏일을 본 신정왕후는 고종의 아버지인 흥선대원군과 함께 백성들의 먹고사는 문제를 해결하기 위해 노력했어요. 또한 안동 김씨의 세도 정치를 물리쳤어요. 신정왕후는 자신의 일가인 풍양 조씨가 힘을 가지는 것을 막기도 했어요.

◀왼쪽의 초상화는 신정왕후 조씨의 초상화인 것으로 전해지나, 확실한 것은 아닙니다. 참조

* 명성황후

고종의 왕비예요. 고종이 아버지인 흥선대원군의 뜻을 물리치고 왕으로서 나랏일을 볼 때, 명성황후가 열심히 도와줬어요. 명성황후 일가인 민씨는 큰 힘을 가지고 백성들을 괴롭혀, 명성황후는 백성들로부터 미움을 사기도 했어요. 명성황후는 일본을 조선에서 쫓아내려는 계획을 세우기도 했어요. 하지만 이 사실을 안 일본이 명성황후를 죽였어요. 명성황후의 죽음을 안타까워하는 백성들은 일본에 반대하는 목소리를 더 크게 냈어요.

◀중명전

* 중명전

서울 덕수궁 가까운 곳에 중명전이라는 건물이 있어요. 중명전은 **최초의 서양식 건물** 중 하나로, 대한제국 황제인 고종이 이곳에서 지냈어요. 고종은 일본의 침략을 어떻게 막을지 고민했어요. 하지만 대한제국의 힘은 약했어요. 결국 중명전에서 일본이 대한제국의 외교권을 빼앗아가는 **을사늑약**이 체결됐어요. 고종이 국제사회에 을사늑약의 부당함을 알리기 위해 네덜란드 헤이그에서 열린 만국 평화 회의에 특사를 파견하기도 했지만 일본의 방해로 실패로 끝났어요.

조선 시대

1863년
고종 즉위

1894년
동학농민운동

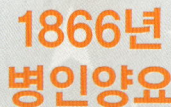

1866년
병인양요